10   2253.

CONSIDÉRATIONS

SUR

LA LIBERTÉ DE LA PRESSE,

ET

DE L'INSUFFISANCE

DES LOIS RÉPRESSIVES, A CET ÉGARD;

ADRESSÉES

A MM. LES MEMBRES DE LA CHAMBRE DES DÉPUTÉS,

Par L. LÉGER.

PARIS,

Chez
{
PETIT, libraire de S. A. S. Mgnr le duc d'Or-
léans, au Palais-Royal, galerie de bois.
Et PONTHIEU, libraire, même galerie.

Janvier 1822.

CONSIDÉRATIONS

SUR

LA LIBERTÉ DE LA PRESSE.

Un des points de législation les plus importans, sous le rapport de la religion, de la morale et de la politique, venant d'être soumis à la discussion des chambres, nous avons cru pouvoir présenter quelques considérations sur une question dont les résultats peuvent ou assurer à la France le bonheur et la tranquillité dont elle jouit, depuis la restauration, ou la replonger dans l'abyme de malheurs dont elle a été tirée si miraculeusement.

La commission de censure, créée par les ordonnances des 31 mars 1820, et 26 juillet 1821, étant à la veille de toucher au terme de ses fonctions, tous les ﹛amis﹜ de l'ordre et des saines doctrines ne peuvent que se livrer à de justes allarmes en pensant que bientôt une nouvelle carrière peut être encore ouverte à l'impudence, au blasphême, à la sédition, et à tous les genres de perversité, dont l'impiété et l'esprit révolutionaire ont toujours composé leur cortège.

La liberté accordée à tout citoyen de publier ses opinions par la voie de l'impression a été considérée sous différens points de vue par les écri-

vains politiques. Les uns n'y ont aperçu que l'exercice d'un droit sacré imprescriptible, puisé dans
la nature et la justice, inhérent à l'existence des
peuples, et le moyen le plus infaillible d'éclairer
la marche du gouvernement, de connaître l'opinion publique, et de faire parvenir la vérité
jusqu'aux pieds du trône. D'autres, au contraire,
méprisant toutes les vaines subtilités d'une méta-
physique fallacieuse, et tirant toutes leurs preuves
de l'expérience et des leçons de l'histoire, ont con-
sidéré la liberté indéfinie de la presse, comme la
source des plus effrayantes calamités qui puissent
affliger un état.

La liberté de la presse, ou une tolérance trop
rapprochée de cette liberté, surtout en ce qui
concerne les journaux et les autres écrits périodiques, n'a jamais été, pour les peuples, qu'un
instrument de troubles, d'anarchie et de perversité ; et, sans invoquer, à l'appui de notre opinion,
le témoignage des siècles passés, ne trouvons-nous
pas dans notre propre expérience, une somme
assez considérable de preuves pour établir cette
vérité ? N'est-ce pas à la publication d'une foule
d'écrits, soi-disant philosophiques, que nous de-
vons notre révolution et tous les crimes qu'elle a
enfantés ? L'Espagne pourra-t-elle attribuer à une
autre cause tous les désordres de l'anarchie, et
toutes les horreurs de la guerre civile, dont elle

offre, en ce moment, de déchirant spectacle, et qui ont corrompu cet esprit de paix, détruit cette harmonie sociale, dénaturé cet élan d'héroïsme religieux et civique, dont, pendant une longue suite de siècles, elle nous avait fourni l'exemple? Que l'on réfléchisse sur les désordres qui se manifestent si souvent en Angleterre ; que l'on examine tout ce qui se passe, dans ce moment, au Brésil et dans beaucoup d'autres parties du Nouveau-Monde, et que l'on nous dise ensuite, si toutes les calamités qui affligent ces malheureux pays, ont pu prendre naissance ailleurs que dans l'abus, ou dans la tolérance de la liberté de la presse.

Les partisans de la liberté absolue de la presse réclame ce système de liberté comme un moyen d'éclairer le peuple sur les actes du gouvernement, et sur tout ce qui intéresse son existence politique ; et voulant que le peuple soit instruit de tout, discute tout, raisonne sur tout, règle et sanctionne tout, c'est dans le plein exercice de cette liberté, qu'ils placent le *palladium* le plus sacré de ses priviléges et de ses droits.

Voilà, sans contredit, de ces vues sublimes et patriotiques dans toute l'acception qu'on donnait à ce dernier mot, en 93 ; mais nous, nous ne sommes point persuadés que le peuple puisse jamais posséder assez d'instruction pour bien comprendre tout ce qui se fait dans ses intérêts, et pour ne jamais être dupe des sophismes et des insinuations perfides de la malveillance. La plupart des actes du gouvernement, même de ceux qui se rattachent le plus au bonheur et à la gloire de la nation, sont, pour ainsi dire, des termes de rapports dont le peuple est incapable de bien saisir les antécédens et les conséquens, et sur les résultats desquels il sera toujours facile de lui inspirer de fausses craintes et des défiances criminelles.

Les argumens que l'on tire de l'existence de la liberté de la presse en Angleterre, sont loin de prouver que l'exercice de cette liberté soit nécessaire et exempte d'inconvéniens en France; et sans chercher à établir ici la différence que le caractère, l'habitude, le vrai patriotisme, et la situation topographique ont établie entre les deux nations, et qui réclament, pour l'une et pour l'autre, des institutions différentes, nous ne pensons pas que l'Angleterre aurait beaucoup à perdre, si le peuple s'y livrait un peu moins à la politique, et un peu plus à la pratique des vertus sociales et domestiques; et nous n'en demeurerons pas moins convaincus, que les actes émanés du cabinet de Saint-James sont d'un tout autre résultat pour la prospérité de la nation, que ces ridicules discussions auxquelles les porte-faix aiment à exercer leur génie libéral dans les tavernes de Londres et de Westminster.

Il n'y aura de parfaite harmonie, de tranquillité durable, dans un état, que lorsque chaque citoyen cessera de chercher son existence et son bonheur hors de la sphère d'activité, dans laquelle sa naissance, son éducation et la fortune de ses parens l'auront placé, et lorsque la raison aura assez d'empire pour lui faire mépriser cet esprit de vertige et de ridicule ambition, qui a jeté, en France, depuis plusieurs années, tant de confusion dans les différentes classes de la société, et qui, ayant plongé, dans la misère et le désespoir, tant de personnes victimes de leurs propres illusions, les rend d'autant plus à plaindre aujourd'hu, qu'elles sont devenues incapables de retrouver, dans leur première condition, les ressources qu'elles n'eussent jamais manqué d'y trouver, si elles ne l'eussent jamais méprisée.

On prétend que le peuple doit être instruit; on veut qu'il le soit. D'accord; mais il faut convenir de ce qu'on entend ou de ce qu'on doit entendre, quand on émet un vœu aussi éminemment philantropique. Nous considérons la société divisée en trois ordres; et le dernier de ces ordres, qui comprend nécessairement la plus grande partie de la population, nous le considérons composé des différentes classes de professions,

d'arts et métiers, d'industrie commerciale, etc.;
et nous dirons qu'un laboureur est instruit, quand
il saura cultiver ses champs, quand il connaîtra
les temps les plus favorables aux semailles, quand
il pourra apprécier les différentes qualités d'un
terroir sous le rapport des productions, et surtout quand il joindra à ces pualités la conscience
des devoirs qu'il a à remplir envers Dieu, envers
le Roi et envers la société. Un cocher de fiacre,
qui sait conduire sa voiture, et qui a le talent
d'abréger une course en suivant la route la plus
directe, ne possède-t-il pas, à-peu-près, toute l'instruction qui lui est nécessaire, et qu'on puisse
raisonnablement exiger de lui ? Ne devrait-on pas
craindre, s'il avait des prétentions aux sciences
diplomatiques, qu'il n'allât souvent, dans sa
course, briser son essieu contre quelque borne,
en méditant un traité de paix ou une déclaration
de guerre ? Concluons donc, que l'instruction
du peuple ne doit s'entendre que d'une manière relative, et que, vouloir que tout laboureur du Pertois, tout maçon du Limosin, tout
berger de la Beauce ou de la Brie, puisse, au be-
soin, remplacer, dans le conseil du Roi, un
Montmorenci ou un Richelieu, est la plus monstrueuse des absurdités que le délire d'une imagination déréglée ait jamais produite.

Les documens historiques et les résultats de

l'observation nous forcent à reconnaître que la
religion et la morale sont les seules bases solides
sur lesquelles puissent reposer la sécurité des trônes
et le bonheur des peuples, et que le mépris ou
l'oubli des vertus qu'elles commandent, a toujours
amené la ruine des empires. On a été tellement
convaincu de cette vérité, que la plupart des gouvernemens anciens et modernes, et particulière-
ment ceux sous lesquels le peuple a joui d'une
plus grande liberté politique, ont vivement senti
la nécessité d'accorder à un ordre de magistrature,
sous une dénomination quelconque, le droit de
surveiller les actions publiques et privées des citoyens. De là l'institution des censeurs à Rome et
dans les républiques de la Grèce, l'établissement
de l'inquisition dans quelques états modernes ; et
l'on remarquera que jamais les nations n'ont été
investies d'une aussi grande force morale, qu'elles
n'ont jamais offert une image plus parfaite de
bonheur et de tranquillité intérieure, que quand
le sentiment de toutes les vertus religieuses et sociales, y a dirigé seul l'opinion publique. Mais
aussi, qu'est-il arrivé lorsque la licence eut ouvert
la carrière à l'impiété et à tous les genres de *pro-
sélytismes ?* Rome fit pressentir sa décadence et sa
ruine, aussi-tôt que les censeurs y furent sans
autorité ; et l'Espagne que l'inquisition a su préserver des discordes civiles et des guerres intesti-

nes, qui ont désolé les autres états de l'Europe pendant plusieurs siècles, nous offre en ce moment le tableau le plus affligeant de tous les désordres qu'enfante cette liberté monstrueuse, de laquelle on veut encore s'obstiner à faire dépendre la félicité des peuples.

Nous sommes amenés par toutes ces considérations, à la nécessité de conclure que la liberté illimitée de la presse entraîne les plus grands dangers. En effet, peut-on ne pas être effrayé, en pensant aux ressources que l'esprit de rebellion peut en tirer, et entrevoit-on seulement qu'il en puisse résulter le plus léger avantage pour la religion et la politique? Le commerce sera-t-il entravé dans ses opérations? L'agriculture perdra-t-elle ses espérances? Les sciences seront-elles arrêtées dans leurs progrès, quand les libelles diffamatoires, les proclamations séditieuses, les poésies immorales seront réduits à pourrir dans la fange où ils auront pris naissance? Sera-ce un grand malheur de forcer la jeunesse, dans l'intérêt de la religion et de la société, à recourir aux véritables sources d'une solide instruction, de la prémunir contre les sophismes d'une philosophie erronnée, et de la préserver, par ce moyen des malheurs qui sont toujours le résultat d'une éducation perverse? Sans doute, la liberté de la presse serait sans danger pour les hommes vraiment instruits ; mais elle servira toujours à égarer la jeunesse, que le défaut d'expérience rend facile à séduire, et le peuple dont l'esprit est naturellement versatile et soupçonneux.

Quoique nous admettions la nécessité de réprimer les abus de la liberté de la presse à l'égard de toutes les compositions susceptibles d'être publiées par la voie de l'impression, nous croyons cependant que cette nécessité est beaucoup plus impérieuse dans ce qui a rapport aux journaux et aux autres écrits périodiques. En effet, peut-on se dissimuler l'influence que ces sortes d'écrits exercent sur l'opinion publique ? Et si nous nous reportons à nos temps de troubles et d'anarchie, pourra-t-on s'empêcher de ne pas reconnaître, dans la liberté des journaux, l'instrument dont les factieux ont tiré le plus grand avantage et le moyen qui a toujours couronné leur attente ? Il est en France, comme nous l'avons dit, une classe d'hommes très-nombreuse, formant environ les neuf dixièmes dela population, et qui, sans cesse, exposée aux piéges de la séduction et de la malveillance, sera toujours portée à méconnaître ses devoirs, et à agir contre ses propres intérêts, dès qu'on donnera à son exaltation une direction qui semblera devoir se rapporter au bien public. Les moteurs de nos troubles révolutionaires, n'ont-ils pas prouvé, au préjudice de notre tranquillité, combien il est facile d'égarer et de pervertir cette classe d'hommes ? Les religionaires des siècles passés n'ont-ils pas dû, à la libre publication de leurs écrits imposteurs, le fatal avantage de porter une partie de la France à s'armer contre l'autre, de précipiter dans l'abyme les malheureuses victimes de leur séduction, et d'en faire, en même temps, des apostats de la vraie foi, et des sujets rebelles à leur prince. Ce moyen, en un mot, ost si infaillible, il atteint si sûrement son but, que les factieux de nos jours le considèrent encore comme celui sur lequel ils peuvent le plus compter.

Quelques écrivains, de ceux qu'on appelle philosophes, pourvus d'une imagination mobile, et plus ou moins déréglée, nous ont laissé divers plans de gouvernemens de leur façon, et méconnaissant en même-temps, et les vertus et les vices, qui sont le partage de la nature humaine, ou bien les modifiant à leur gré, pour mieux coordonner entre elles les différentes parties de leur système, ils sont parvenus à nous présenter le beau idéal de la politique dans sa plus brillante conception. Et comme quelques noms célèbres se rattachent plus ou moins intimement à ces travers de l'esprit humain, on ne doit point être étonné d'entendre invoquer encore aujourd'hui l'autorité de ces législateurs des siècles de féeries ; mais la raison et le bon sens ont depuis long-temps fait justice de tous ces ridicules systêmes. Avons-nous, en effet, l'exemple d'un gouvernement établi sur de telles bases, et d'après de semblables théories? et si cela n'est pas, qui peut donc vous porter à en faire l'essai, et à former notre législation sur des données aussi incertaines? Certes, des essais de ce genre peuvent conduire à de trop fâcheux résultats, pour que la prudence puisse ne pas défendre de les tenter. Mais, quoi! n'ont-ils pas été tentés? Le règne de la liberté et de l'égalité n'a-t-il pas été proclamé parmi nous? N'avons-nous pas ressenti tous les bienfaits de la souveraineté du peuple? et les pages de notre histoire ne nous conservent-elles pas en caractères de sang, les actes de ces funestes institutions?

Nous le disons dans l'intérêt de la plus exacte vérité : la liberté de la presse ne peut être réclamée, avec tant d'ardeur, que par un certain parti accoutumé à souiller tout ce qui est pur, à violer tout ce qui est juste, à mépriser tout ce qui est légitime, à profaner tout ce qui est sacré; et qui veut sortir de la catégorie dans laquelle se trouvent placées toutes les personnes dont les erreurs, l'ignorance ou la mauvaise foi peuvent être préjudiciables à la société. Pourquoi donc les journalistes ne seraient-ils pas soumis au même sys-de législation qui régit toutes les classes de la société, et qui, quand il n'existerait pas, devrait être établi exprès pour eux?

Les partisans de la liberté de la presse croient trouver dans l'art. 1 de la charte, une autorité irréfragable en faveur de leurs prétentions. La Charte, disent-ils, concède ce droit à tous les Français, et l'annihiler ou le restreindre, serait rendre illusoires tous les avantages que la nation a reçus de la clemence et de la générosité du meilleur de ses Rois.

La Charte, à la vérité, consacre la liberté de la presse, mais avec cette restriction toutefois, que les auteurs d'écrits se conformeront aux lois qui seront faites pour réprimer les abus de cette liberté. Cette liberté est donc, et c'est ce qui constitue son caractère de liberté, car autrement ce serait la licence ; cette liberté, dis-je, est donc subordonnée à des dispositions législatives qui doivent en régler l'exercice. Tel est l'esprit de la Charte, tel a été l'intention de son immortel auteur ; puisque, sans cette interprétation, l'article dont il s'agit n'aurait aucun sens. Prétendrait-on que la liberté de la presse dût recevoir une plus grande extension que la liberté de parler, à laquelle les convenances sociales et tant d'autres considérations ont imposé un si grand nombre de restrictions ? De ce que tout le monde a le droit de parler, s'ensuit-il que tout le monde ait le droit de plaider au barreau, de haranguer à la tribune, de prêcher et de catéchiser en chaire ? Non-seulement la liberté absolue de la presse n'est point dans l'esprit de la Charte, elle y est au contraire très-opposée. Et cette vérité sera encore plus vivement sentie, lorsqu'on en fera l'application aux journaux et aux autres écrits périodiques. Si des associations sans le concours de l'autorité ; si une réunion d'un certain nombr d'individus, dans un but innocent et quelquefois même utile, sont autant d'actes inconstitutionnels qui requièrent l'application de dispositions pénales ; pensera-t-on qu'une société de littérateurs qui se rassemblent régulièrement dans le bureau d'un journal, puisse être placée dans une catégorie privilégiée ? Si l'on considère surtout que ces écrivains ont pour objet d'entretenir journellement le public de discussions politiques, de dissertations sur des matières religieuses ; qu'ils se permettent très-souvent de donner les plus fausses couleurs aux matières qu'ils traitent ; de tronquer et de dénaturer, selon leurs vues, les discours qui sont prononcés dans les deux chambres, et de déverser le mépris jusques sur les actes des ministres du Roi.

La liberté illimitée des journaux, et la trop grande facilité que les agitateurs ont trouvée à publier leurs productions criminelles, ayant toujours eu les conséquences les plus fâcheuses pour les rois et pour les peuples, ne peuvent être consacrées dans un gouvernement, sous l'empire duquel la religion retrouve si heureusement sa dignité, la morale publique sa décence, les lois leur vigueur, le trône son véritable éclat, la nation sa tranquillité et sa force, et nous ne pensons pas que, dans la discussion de ce point de législation, on puisse totalement mépriser des considérations si importantes, et sacrifier aux hypothèses des idéologues, et à l'insidieuse popularité des héritiers du jacobinisme, des vérités dont l'expérience nous a si cruellement démontré l'exactitude.

On s'accorde généralement à reconnaître deux moyens de circonscrire la liberté de la presse, dans les limites qui lui conviennent, et hors desquelles elle n'est plus qu'un monstre de licence et d'impudente audace. On croit trouver le premier dans la confection de lois répressives, fortes et énergiques, qui, en caractérisant tous les genres de délits auxquels l'abus de cette liberté peut donner lieu, porteront en même temps des peines et des châtimens proportionnés à la gravité des cas dans lesquels les délinquans se seront placés. Le deuxième consiste à perpétuer, dans ses fonctions, la commission de censure, telle qu'elle a été établie par les ordonnances des 51 mars 1820, et 26 juillet 1821.

Les personnes qui voient, dans l'existence des lois répressives, un moyen de prévenir les inconvéniens qui résultent de l'abus de la presse, sont, à ce qu'il nous semble, dans une grande erreur. D'abord, est-il possible de prévoir tous les cas qui peuvent constituer un délit de ce genre? Peut-on en nuancer assez exactement les caractè- res, pour qu'un auteur n'ait pas souvent à re- douter les méprises des juges, et pour qu'il ne soit jamais victime d'une interprétation forcée ou d'une fausse application de la loi? Et d'un autre côté, comment atteindra-t-on des délits sur les- quels la loi gardera le silence, et qui ne manque- ront pas de se multiplier sous toutes les formes? Il faudra alors recourir à l'arbitraire, moyen peu sûr et souvent dangereux, ou bien rétablir la censure, dont l'insuffisance de la loi prouve alors l'importance et l'utilité.

En supposant d'ailleurs que tous les délits de la presse puissent être prévus et signalés de manière à n'occasionner aucune incertitude et à prévenir toute méprise, nous demanderons encore si le système de la censure préalable ne doit pas être préféré à l'empire d'une telle légis- lation. Nous pensons que, toutes les fois qu'il existera un moyen infaillible et praticable de pré- venir un délit, il sera impolitique et contraire aux principes de l'humanité de négliger l'emploi de ce moyen, sous le coupable prétexte que le délinquant pourra être puni après la consomma-

tion du délit ; quel est celui qui ne préférât enchaîner la main du parricide, avant qu'il eût plongé le poignard dans le sein de son père, plutôt que d'attendre à pouvoir lui faire expier son crime sur un échafaud? Ne conserverait on pas ainsi la vie à deux citoyens, et n'épargnerait-on pas à la société le tableau effrayant de ces grands crimes, ainsi que l'appareil de ces châtimens terribles qui révoltent l'humanité? Ne trouve-t-on pas d'ailleurs l'application de ce principe, dans la plupart de nos réglemens de police intérieure?

Rien, par exemple, paraît-il plus incontestable que le droit, pour chaque citoyen, de vendre et d'aliéner des objets dont il a légalement acquis la propriété? Et cependant, ne voit-on pas tous les jours, dans nos marchés, séquestrer et faire disparaître du commerce, au préjudice des propriétaires, des quantités considérables de provisions que menace la putréfaction; et ce, en considération des dangers auxquels les citoyens s'exposeraient en faisant servir ces alimens à leur subsistance? A-t-on jamais blâmé ces sortes de mesures? A-t-on jamais pensé qu'il valût mieux attendre que tout le quartier Saint-Honoré, ou la moitié du faubourg Saint-Germain fût frappé de contagion, pour acquérir le droit de sévir ensuite contre les individus qui l'auraient propagée par l'effet de leur commerce? Et cependant, de telles mesures sont très-souvent employées contre des personnes qui n'ont aucune intention criminelle.

La nécessité de s'opposer à la publication des écrits dangereux, et à la propagation des doctrines révolutionnaires est d'une plus grande importance encore, que les mesures dont nous venons de parler. Et si le rapprochement que nous faisons de ces deux genres de délits, n'est pas suffisant pour en établir la parité, c'est assurément parce que, dans le dernier cas, les fauteurs portent en eux-mêmes une culpabilité d'intention dont les autres sont toujours exempts ; et les conclusions que nous en voulons tirer, n'en acquièrent qu'un plus grand degré de justesse et de vérité. Les lois répressives, nous le répétons, sont insuffisantes pour parer à tous les inconvéniens qui peuvent résulter de la liberté de la presse : le supplice d'un criminel n'empêche pas que le crime n'ait été commis, et ne fait point revivre la victime qui a succombé au poignard d'un sicaire, ou au toxique d'un empoisonneur. Un écrit séditieux ou blasphémateur, lors même que son auteur aura été condamné à quelque peine afflictive, n'en portera pas moins ses maximes corruptrices dans les esprits des faibles, et n'en parviendra que plus infailliblement, à remplir son objet : le commun du peuple naturellement jaloux et

méfiant, croira voir, dans la condamnation d'un
ouvrage qui paraîtra avoir été fait pour lui, une
plus grande preuve de l'infaillibilité des principes
qui y seront consacrés.

Quelque complettes que soient les lois répressives de la liberté de la presse ; quelque rigou-
reuses qu'en soient les dispositions, il nous paraît
suffisamment démontré qu'elles sont moins propres
à produire les effets qu'on en attend ; et que le
seul moyen infaillible de les obtenir, ne peut se
trouver que dans le système de censure préalable.
Nous terminerons par faire ressortir quelques-unes
de nos preuves, de l'examen même du projet de
loi présenté à la Chambre des députés et dont la
teneur suit :

ART. 1ᵉʳ. Nul journal ou écrit périodique con-
sacré en tout ou en partie aux nouvelles ou matières politiques, et paraissant soit régulièrement
et à jour fixe, soit par livraison et irrégulière-
ment, ne pourra être établi ni publié sans l'au-
torisation du Roi.

Cette disposition n'est pas applicable aux journaux et écrits périodiques existans le 1ᵉʳ. janvier 1822.

ART. 2. L'exemplaire de chaque feuille ou livraison des écrits périodiques et journaux qui de-
vront être remis dans les préfectures, sous-pré-
fectures ou mairies, conformément à l'art. 5 de

la loi du 9 juin 1819., sera déposé au parquet du procureur du Roi du lieu de l'impression.

ART. 3. Dans le cas où l'esprit et la tendance générale d'un écrit périodique ou d'un journal serait de nature à porter atteinte à la paix publique, au respect dû à la religion de l'état et aux autres religions légalement reconnues en France, à l'autorité du Roi et à la stabilité des institutions constitutionnelles, les cours royales dans le ressort dequelles ils seront établis, pourront, en audience solennelle, et après avoir entendu le procureur-général et les parties, suspendre l'écrit périodique ou le journal, ou même le supprimer s'il y a lieu.

Les débats seront publics, à moins que la cour ne juge cette publicité dangereuse pour l'ordre et les mœurs.

ART. 4. Si dans l'intervalle des sessions des chambres, des circonstances graves rendaient momentanément insuffisantes les mesures de garantie et de répression établie, les lois des 31 mars 1820 et 26 juillet 1821 pourront être remises immédiatement en vigueur en vertu d'une ordonnance du Roi, contre-signée par trois ministres.

ART. 5. Les dispositions des lois antérieures auxquelles il n'est point dérogé par la présente, continueront d'être exécutées.

Donné au palais des Tuileries, etc.

Les dispositions de l'art. 1er. sont très-sages : si un

avocat ne peut défendre un innocent, si un médecin
ne peut signer une prescription, si un notaire ne peut
instrumenter, si un avoué, un agent de change, un
banquier, ne peuvent exercer leur profession sans,
qu'au préalable, ces différens fonctionnaires y aient
été autorisés par le Roi ou par les autorités que S.M.
a rendues compétentes, qui prétendra qu'un jour-
naliste, ou tout autre écrivain politique puisse
s'arroger le droit de raisonner et de déraisonner
ad libitum sur des matières du plus haut intérêt,
et sur lesquelles souvent il ne peut avoir que des
données très-incertaines ? et qu'en nous entrete-
nant des délibérations du conseil des ministres,
et des discussions du conseil d'état, à peu près à
la manière dont les voyageurs, qui reviennent de
Constantinople, nous parlent de l'intérieur du
sérail, il doive se croire suffisamment autorisé à
débiter à toute la France ses erreurs pour des
dogmes, ses niaiseries pour des principes de sagesse, ses rêves extravagans pour des prophéties
infaillibles ?

Qui pourra ne pas entrevoir, dans la rédaction
des articles 3 et 4, une espèce d'aveu tacite que
la censure est le véritable port de salut ? n'y re-
marque-t-on pas en quelque sorte un hommage
rendu à la sagesse avec laquelle elle a été exercée
chez nous jusqu'à ce jour, et une preuve des ser-
vices qu'elle a rendus ? mais l'art. 3 nous paraît

conçu , pour le reste , en termes trop vagues et , en conséquence , trop susceptibles de souffrir une fausse interprétation : *Daus le cas où l'esprit et la tendance générale d'un écrit périodique ou journal serait de nature à porter atteinte à la paix publique , à la religion de l'état , etc.* Si Pascal , que ses ennemis accusaient d'être un tison d'enfer , ne put jamais trouver , dans les profondeurs de sa dialectique , un argument assez puissant pour prouver qu'il n'était pas un tison d'enfer , comment un écrivain parviendra t-il à prouver qu'il n'a pas une tendance ?

Il peut arriver souvent qu'un homme commette un délit de la meilleure foi du monde , et il est possible qu'un écrivain débite quelquefois des erreurs qui lui paraîtront à lui les vérités les plus incontestables ; on verra donc alors des hommes qu'aucune intention criminelle n'aura souillés , soumis à des peines qui ne doivent être reservées qu'aux méchans , et dont une commission de censure leur eût épargné la honte et le déshonneur.

Il ne suffit pas , dans la recherche d'un principe , de s'arrêter à la première apparence de vérité qui se présente et qui peut être fausse ; il faut , pour ainsi dire , le fouiller jusques dans son essence même , en suivre , dans leurs rapports les plus exacts de nature et de succession , toutes les conséquences qui en dérivent. La censure , nous

l'avouons, ne paraît pas au premier abord pouvoir
être mise en harmonie avec le système de liberté
de la presse proclamé par la Charte ; mais quand
on cessera de confondre la liberté avec la licence,
et que la ligne de démarcation entre l'une et l'autre
sera bien établie, on sera parfaitement convaincu
que la censure est autant dans l'esprit de la Charte
que le système des lois de répression, et qu'elle
est beaucoup plus dans l'intérêt de la morale et
de la politique.

FIN.

Imprimerie de F. P. HARDY, rue Dauphine, n.° 36.

www.ingramcontent.com/pod-product-compliance
Lightning Source LLC
Chambersburg PA
CBHW060517200326

41520CB00017B/5082